Le petit journal de ma grossesse

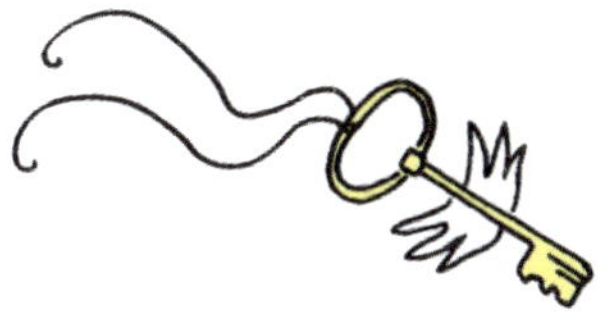

Ce carnet intime appartient à

____

Mes souvenirs, mes pensées, mes doutes, mes grandes joies, mes appréhensions, mes petits bonheurs, mes réflexions…

Je commence ce carnet le ______________

Photo de moi avant la grossesse

Date ....

Lieu ....

Ma vie avant…

Bohème, working girl, baroudeuse ou hyperactive… Ma vie avant la grossesse, c'était

Une belle histoire...

Date ____________ Lieu ____________

Aurait-on imaginé devenir parents ensemble ? Le jour où nous nous sommes rencontrés, ____________

J'ai ressenti ____________

Photo de nous deux avant la grossesse

Date ....

Lieu ....

1er mois

C'est le début d'une aventure unique,
mais à ce stade tout est
encore mystérieux et fragile.

Mon check-up

Date ______________________

Je pèse __________ kg

Mes symptômes au premier mois sont ______________________

Physiquement, je me sens ______________________

Moralement, je me sens ______________________

Enceinte !

Date ....

Lieu ....

Je pressens quelque chose. Je décide de faire un test. Ce jour-là, ma vie bascule. Ça y est : je suis enceinte !
Le jour du test, ...

Je me sens ....

Ma réaction est ....

1er mois

1re photo de moi enceinte

Date ______________ Lieu ______________

Futur papa

Date ....

Lieu ....

En fanfare ou discrètement dans le creux de l'oreille, je lui annonce qu'il va être papa. Je lui dévoile

Sa réaction est

Je me sens

1er mois

Photo du futur papa
quand il a appris ma grossesse

Date ....

Lieu ....

Ma vie de femme enceinte

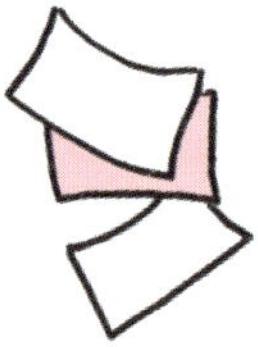

Mon rythme est

Mes sorties, mes activités sont

Mes lectures, mes films, mes séries sont

Durant ce premier mois, ce qui change pour moi, c'est surtout

Mais aussi

1er mois

Photo de moi au 1er mois de grossesse

Date .... Lieu ....

Les moments forts

Ce mois-ci, je voudrais me souvenir de

1er mois

Photo de mon ventre au 1er mois

Mes échanges avec bébé ....

2e mois

Les signes sont plus présents et mon corps réagit. Peu à peu, je prends conscience de ce petit être qui grandit en moi. Bébé a la taille d'une framboise.

Mon check-up

Date ....

Je pèse .... kg

Mes symptômes au deuxième mois ....

Physiquement, je me sens ....

Moralement, je me sens ....

Mes résolutions

Je décide de prendre soin de moi physiquement et moralement pour que ma grossesse se passe le mieux possible. Mes petits gestes au quotidien sont

Je mange plus de

J'arrête

Je prends le temps de

Liste de mes résolutions de femme enceinte :

Futurs grands-parents

Date ____________ Lieu ____________

J'annonce ma grossesse à mes parents à l'occasion

Leurs mots ce jour-là sont

Je me sens

2e mois

*Photo de mon père,
de ma mère,
ou de mes parents*

Date ....

Lieu ....

Ma vie de femme enceinte

Mon rythme est ______________________________

____

____

____

____

Mes sorties, mes activités sont ______________________________

____

____

Mes lectures, mes films, mes séries sont ______________________________

____

____

Durant ce deuxième mois, ce qui change pour moi, c'est surtout ______________________________

____

____

____

Mais aussi ______________________________

____

____

____

2e mois

Photo de moi au 2e mois de grossesse

Date ....

Lieu ....

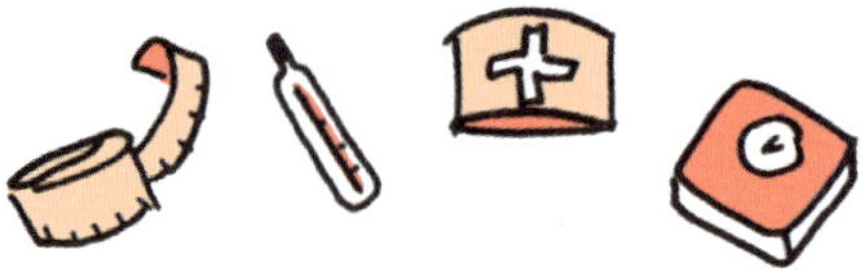

1er examen prénatal

Date ____________ Lieu ____________

Nom du médecin ____________

L'examen se déroule ____________

Le bilan de l'examen est ____________

2e mois

Mes appréhensions sont

Je me pose des questions sur

Le médecin répond

Les moments forts

Ce mois-ci, je voudrais me souvenir de

2e mois

Photo de mon ventre au 2e mois

Mes échanges avec bébé ....

....

....

....

....

3e mois

Je suis à un tournant de ma grossesse
et je découvre la première échographie.
Je commence à partager la nouvelle autour de moi.
Bébé a la taille d'un citron et déjà
je perçois les premières sensations de sa présence.

Mon check-up

Date ______________________

Je pèse __________ kg

Mes symptômes au troisième mois ______________________________

Physiquement, je me sens ______________________________

Moralement, je me sens ______________________________

Ma 1re échographie

Date ……………………… Lieu ………………………

Nom du médecin ………………………

C'est la première fois que je vois mon bébé ! L'échographie se déroule ……………

À ce moment-là, je ressens ……………

Ce que j'ai aperçu de mon bébé, c'est ……………

Les mots du médecin sont ……………

3e mois

Photo de ma 1re échographie

Mon bébé mesure

.... mm

Il pèse

.... kg

L'annonce aux amis

Date ____________ Lieu ____________

____

__________ est la première personne à qui je dévoile la bonne nouvelle.

Ça se passe ____

Sa réaction est ____

Les autres amis à qui je l'annonce sont ____

Leur réaction est ____

3e mois

Photo de mes amis

Date ....

Lieu ....

Quel prénom ?

Si c'est une fille :

Si c'est un garçon :

Les petits surnoms que nous donnons à notre bébé pendant ces mois d'attente sont

Mes 3 prénoms préférés sont

Le prénom que nous avons choisi est

Parce que

Au travail

Date ____________ Lieu ____________

____

____________ est la première personne que j'informe de ma grossesse.

Sa réaction est ______________________________

____

____

____

____

Les collègues à qui je l'annonce sont ______________

____

____

Leur réaction est ____________________________

____

____

____

____

3e mois

Mes appréhensions sont

Enceinte au travail, je me sens

Ce qui change dans mon travail avec la grossesse, c'est

Ce qui ne change pas c'est

Ma vie de femme enceinte

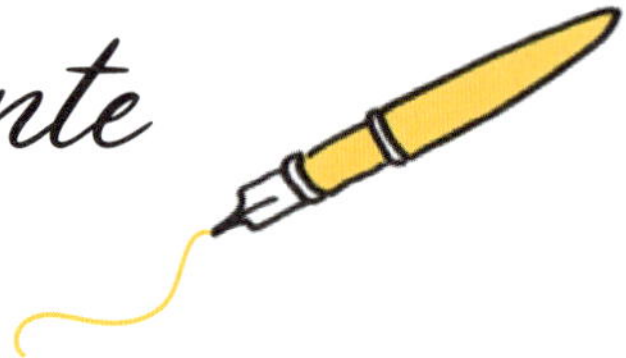

Mon rythme est

Mes sorties, mes activités sont

Mes lectures, mes films, mes séries sont

Durant ce troisième mois, ce qui change pour moi, c'est surtout

Mais aussi

3e mois

Photo de moi au 3e mois de grossesse

Date

Lieu

Les moments forts

Ce mois-ci, je voudrais me souvenir de

3e mois

Photo de mon ventre au 3e mois

Mes échanges avec bébé ______________________________

____

____

____

____

4e mois

Le temps passe vite et me voilà déjà au quatrième mois. Les désagréments s'estompent et les changements sont plus visibles à présent.
Bébé a la taille d'un avocat.

Mon check-up

Date ……………………………………

Je pèse ………………… kg

Mes symptômes au quatrième mois ……………………………………………………

Physiquement, je me sens ……………………………………………………

Moralement, je me sens ……………………………………………………

2e examen prénatal

Date ____________________ Lieu ____________________

Nom du médecin ____________________

L'examen se déroule ____

____

____

____

____

____

____

Le bilan de l'examen est ____

____

____

____

____

____

____

____

____

4e mois

Mes appréhensions sont

Je me pose des questions sur

Le médecin répond

Le choix de la maternité

Mon accouchement aura lieu à

à cette adresse

Je préfère cette maternité parce que

Mon premier rendez-vous à la maternité se passe

4e mois

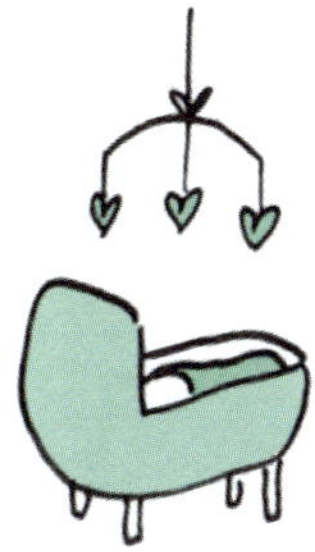

Cette maternité me plaît parce que

Ce qui me plaît moins en revanche, c'est

Ma vie de femme enceinte

Mon rythme est

Mes sorties, mes activités sont

Mes lectures, mes films, mes séries sont

Durant ce quatrième mois, ce qui change pour moi, c'est surtout

Mais aussi

4e mois

Photo de moi au 4e mois de grossesse

Date ....

Lieu ....

Les moments forts

Ce mois-ci, je voudrais me souvenir de

4e mois

Photo de mon ventre au 4e mois

Mes échanges avec bébé

5e mois

Plus de la moitié de ma grossesse s'est écoulée. Peu à peu, je me prépare à notre nouvelle vie. Bébé bouge, il est plus sensible aux vibrations et aux bruits qui l'entourent.

Mon check-up

Date ....

Je pèse .... kg

Mes symptômes au cinquième mois ....

Physiquement, je me sens ....

Moralement, je me sens ....

Ma 2e échographie

Date …………………… Lieu ……………………

Nom du médecin ……………………

Un bout de pied, une main minuscule, un profil adorable, mon bébé se montre sous tous les angles. L'échographie se déroule ……………………

À ce moment-là, je ressens ……………………

Ce que j'ai aperçu de mon bébé, c'est ……………………

Les mots du médecin sont ……………………

5e mois

Photo de ma 2e échographie

Mon bébé mesure

______________ mm

Il pèse

______________ kg

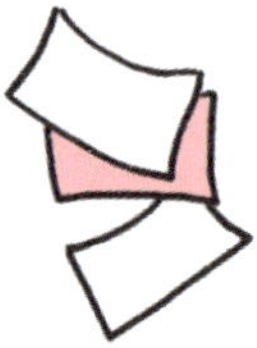

Mes envies

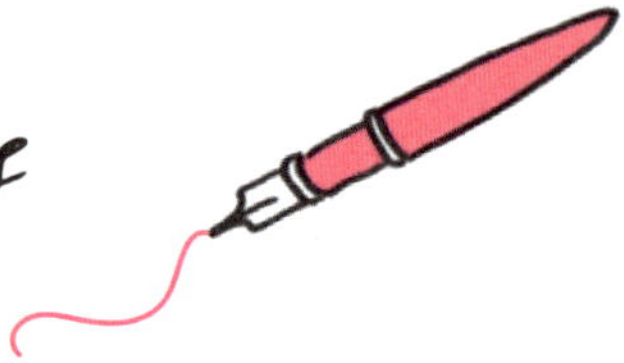

Liste de mes envies
de femme enceinte :

5e mois

Mon envie la plus fréquente est

Mon envie la plus farfelue est

Ma recette préférée de femme enceinte est

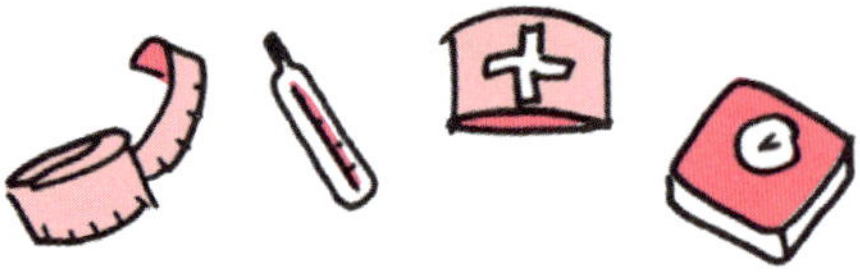

3e examen prénatal

Date ____________ Lieu ____________

Nom du médecin ____________

L'examen se déroule ____________

Le bilan de l'examen est ____________

5e mois

Mes appréhensions sont

Je me pose des questions sur

Le médecin répond

Fille ou garçon

Désormais, je peux découvrir le sexe de mon bébé. Je veux savoir parce que

Je préfère garder la surprise pour le jour de l'accouchement parce que

5e mois

En apprenant la nouvelle, je ressens

La réaction du papa est

Devenir parent

Quel parent voudrais-je être pour mon enfant ? Je revisite mon enfance, mon propre lien avec ma mère ou mon père… J'envisage le fait de devenir maman comme ....

Je doute de ....

5e mois

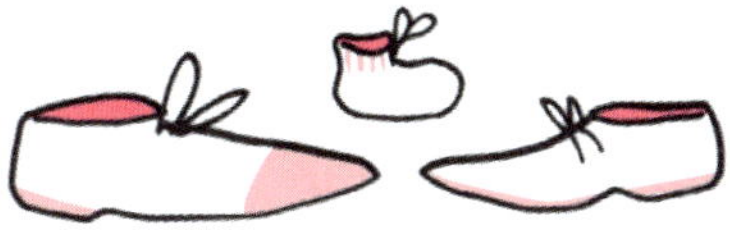

Mes parents m'ont transmis

Je voudrais faire comme eux pour

Je me promets de faire différemment pour

J'aimerais transmettre à mon enfant

Attendre à deux

Notre couple évolue avec la grossesse. Nous prenons chacun conscience que nous serons bientôt une famille. Entre nous, certaines choses changent

Notre relation me touche en ce moment parce que

Ses petites attentions sont

5e mois

Photo de nous bientôt parents

Date ....

Lieu ....

J'échange avec mon bébé

Par le toucher ou par la voix, je communique avec mon bébé. Je suis à l'écoute de mes sensations, ma perception s'affine.

La première fois que je l'ai senti bouger

Lorsque je lui parle, je lui dis

5e mois

Mes gestes pour être en contact avec lui sont

Les différentes réactions de mon bébé sont

Ma vie de femme enceinte

Mon rythme est ______________________________

____

____

____

____

Mes sorties, mes activités sont ______________________________

____

____

Mes lectures, mes films, mes séries sont ______________________________

____

____

Durant ce cinquième mois, ce qui change pour moi, c'est surtout ______________________________

____

____

____

Mais aussi ______________________________

____

____

____

5e mois

Photo de moi au 5e mois de grossesse

Date ....

Lieu ....

Les moments forts

Ce mois-ci, je voudrais me souvenir de

5e mois

Photo de mon ventre au 5e mois

Mes échanges avec bébé

6e mois

Mon ventre est bien rond ! Bébé a la taille d'une aubergine ! Je le sens bouger de plus en plus. Il réagit à mes caresses, au son de ma voix. La vie commence à s'organiser autour de son arrivée.

Mon check-up

Date ____________________

Je pèse __________ kg

Mes symptômes au sixième mois ____

Physiquement, je me sens ____

Moralement, je me sens ____

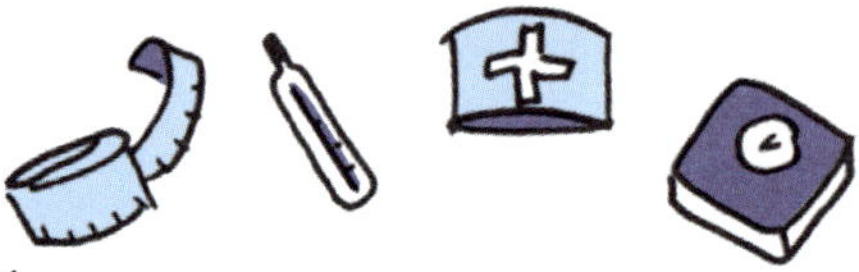

4e examen prénatal

Date ____________ Lieu ____________

Nom du médecin ____________

L'examen se déroule ____________

Le bilan de l'examen est ____________

6e mois

Mes appréhensions sont

Je me pose des questions sur

Le médecin répond

Je le sens bouger

Dans mon ventre, c'est la grande activité. Quand il ne dort pas, mon bébé bouge et se manifeste de plus en plus. Le premier « coup de pied » s'est produit

Le moment de la journée où il bouge le plus, c'est

Il bouge surtout quand je suis en position

6e mois

Lorsque je le sens bouger, je me sens

Mes réactions sont

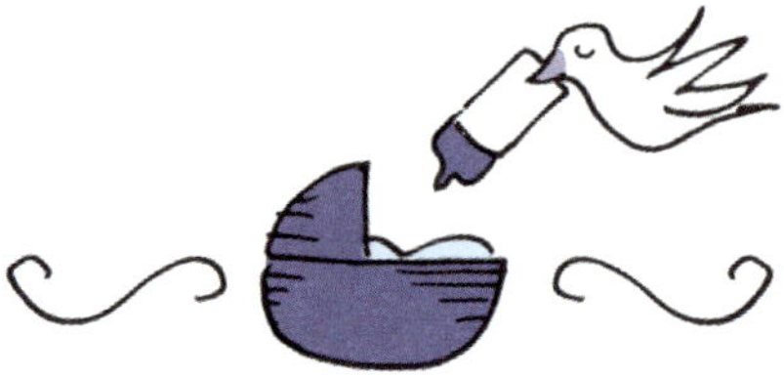

La garde de mon bébé

Je commence à réfléchir à l'organisation après la naissance et au mode de garde que je voudrais pour mon bébé. Après l'accouchement, j'envisage de reprendre le travail quand

Je voudrais que mon enfant soit gardé par

Je choisis ce mode de garde parce que

6e mois

Mes attentes sont

Mes appréhensions sont

Ma vie de femme enceinte

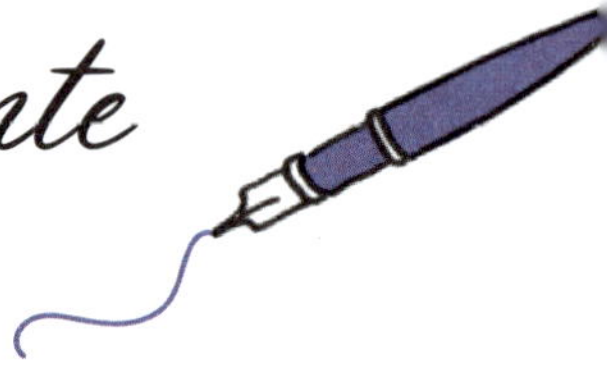

Mon rythme est

Mes sorties, mes activités sont

Mes lectures, mes films, mes séries sont

Durant ce sixième mois, ce qui change pour moi, c'est surtout

Mais aussi

6e mois

Photo de moi au 6e mois de grossesse

Date ....

Lieu ....

Les moments forts

Ce mois-ci, je voudrais me souvenir de

6e mois

Photo de mon ventre au 6e mois

Mes échanges avec bébé ....

7e mois

Bébé a la taille d'un chou. Plus que trois petits mois et il sera là ! Je passe à la vitesse supérieure dans les préparatifs.

Mon check-up

Date ____________________

Je pèse __________ kg

Mes symptômes au septième mois ____________________

Physiquement, je me sens ____________________

Moralement, je me sens ____________________

5e examen prénatal

Date ______________ Lieu ______________

Nom du médecin ______________

L'examen se déroule ______________

Le bilan de l'examen est ______________

Mes appréhensions sont

Je me pose des questions sur

Le médecin répond

Mon projet de naissance

Pendant le travail :

Un massage, de la musique, une lumière tamisée… Pour me détendre, je voudrais

Je serai accompagnée de

Accroupie, sur le côté, dans l'eau… J'aimerais essayer les positions

Avec ou sans péridurale, je préfère

Dans la salle de naissance :

À mes côtés, il y aura

J'aimerais que mon accouchement se déroule

Je ne souhaite pas

Mon projet de naissance

Après l'accouchement :

Le cordon ombilical sera coupé par

Peau à peau, première tétée, câlin… J'aimerais accueillir mon bébé

Les soins que je souhaite pour mon bébé à la naissance sont

Mon séjour à la maternité :

Allaitement au sein ou biberon, je préfère

De mon séjour à la maternité, j'attends

Je ne souhaite pas

Préparation à l'accouchement

1er cours :

Date ____________ Lieu ____________

J'y vais avec ____________

Les thèmes abordés sont ____________

____

Le cours se déroule ____________

____

____

____

2e cours :

Date ____________ Lieu ____________

J'y vais avec ____________

Les thèmes abordés sont ____________

____

Le cours se déroule ____________

____

____

____

3e cours :

Date ______________ Lieu ______________

J'y vais avec ______________

Les thèmes abordés sont ______________

Le cours se déroule ______________

4e cours :

Date ______________ Lieu ______________

J'y vais avec ______________

Les thèmes abordés sont ______________

Le cours se déroule ______________

Préparation à l'accouchement

5e cours :

Date ____________ Lieu ____________

J'y vais avec ____________

Les thèmes abordés sont ____________

____

Le cours se déroule ____________

____

____

____

6e cours :

Date ____________ Lieu ____________

J'y vais avec ____________

Les thèmes abordés sont ____________

____

Le cours se déroule ____________

____

____

____

7e mois

7e cours :

Date ____________ Lieu ____________

J'y vais avec ____________

Les thèmes abordés sont ____________

____

Le cours se déroule ____________

____

____

____

8e cours :

Date ____________ Lieu ____________

J'y vais avec ____________

Les thèmes abordés sont ____________

____

Le cours se déroule ____________

____

____

____

Ma vie de femme enceinte

Mon rythme est

Mes sorties, mes activités sont

Mes lectures, mes films, mes séries sont

Durant ce septième mois, ce qui change pour moi, c'est surtout

Mais aussi

7e mois

Photo de moi au 7e mois de grossesse

Date ....

Lieu ....

Ma 3e échographie

Date ____________ Lieu ____________

Nom du médecin ____________

L'échographie se déroule ____________

À ce moment-là, je ressens ____________

Mon bébé prend beaucoup de place, il n'est plus possible de le voir en entier à l'écran. J'aperçois ____________

Les mots du médecin sont ____________

7e mois

Photo de ma 3e échographie

Mon bébé mesure

______________ mm

Il pèse

______________ kg

Les moments forts

Ce mois-ci, je voudrais me souvenir de

7e mois

Photo de mon ventre au 7e mois

Mes échanges avec bébé

8e mois

Bébé est gros comme un melon.
Mon ventre est énorme ! Si ce n'est déjà fait,
je vais pouvoir arrêter de travailler
et prendre tout mon temps
pour préparer son arrivée.

Mon check-up

Date ....

Je pèse .... kg

Mes symptômes au huitième mois ....

Physiquement, je me sens ....

Moralement, je me sens ....

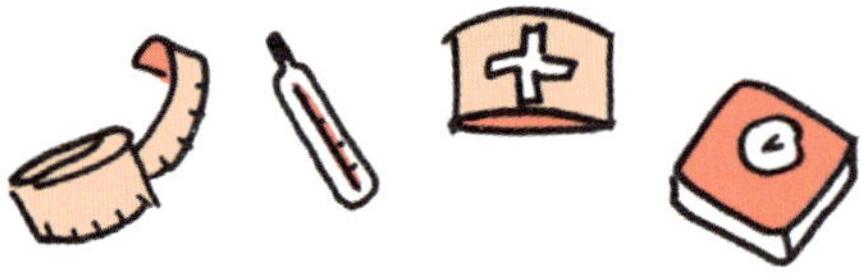

6e examen prénatal

Date ______________ Lieu ______________

Nom du médecin ______________

L'examen se déroule ______________

Le bilan de l'examen est ______________

8e mois

Mes appréhensions sont

Je me pose des questions sur

Le médecin répond

Mon congé maternité

Date

Lieu

Je me sens

Je m'organise

8e mois

Je voudrais profiter de mon congé maternité pour

Dans la maison

La maison aussi se transforme afin de faire de la place pour bébé. Nous avons aménagé

J'ai déjà acheté pour mon bébé :

8e mois

Photo de la maison avant l'arrivée de bébé

Date ....

Lieu ....

La chambre de bébé

Je prépare un petit nid douillet pour bébé dans un style ....

....

....

Les couleurs de la chambre sont ....

J'ai déjà acheté pour sa chambre :

....

....

....

....

....

....

....

....

....

....

8e mois

Photo de la chambre de bébé

Date ....

Lieu ....

Ses petits vêtements

Les premiers vêtements de sa garde-robe :

8e mois

Photo des vêtements de bébé

Date ……………………………… Lieu ………………………………

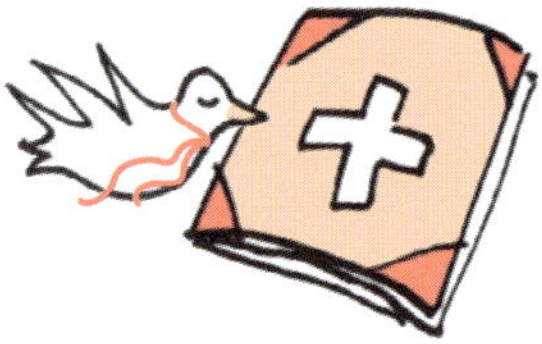

Rendez-vous anesthésiste

Date ....   Lieu ....

Le rendez-vous se déroule ....

Le bilan de l'examen est ....

8e mois

Mes appréhensions sont

Lors de ce rendez-vous, j'ai appris

Vais-je allaiter ?

Je désire allaiter parce que

Je ne veux pas allaiter parce que

8e mois

J'appréhende

Je me prépare

Ma vie de femme enceinte

Mon rythme est

Mes sorties, mes activités sont

Mes lectures, mes films, mes séries sont

Durant ce huitième mois, ce qui change pour moi, c'est surtout

Mais aussi

8e mois

Photo de moi au 8e mois de grossesse

Date ....

Lieu ....

Les moments forts

Ce mois-ci, je voudrais me souvenir de

8e mois

Photo de mon ventre au 8e mois

Mes échanges avec bébé

9e mois

C'est imminent ! Bébé est prêt
et il peut arriver d'un instant à l'autre.
Je l'attends avec impatience !

Mon check-up

Date ……………………

Je pèse ………… kg

Mes symptômes au neuvième mois ……………………

Physiquement, je me sens ……………………

Moralement, je me sens ……………………

Le dernier examen prénatal

Date ________ Lieu ________

Nom du médecin ________

L'examen se déroule ________

Le bilan de l'examen est ________

9e mois

Mes appréhensions sont

Je me pose des questions sur

Le médecin répond

Ma valise de maternité

Des vêtements confortables, un livre, une crème hydratante, un chargeur de téléphone…

Elle contient :

Sa valise de naissance

Des bodys tout doux, des petits pyjamas, un bonnet, un doudou, des chaussons de naissance…

Elle contient :

Mes nuits

Le premier trimestre, mes nuits étaient plutôt

Au deuxième trimestre, je dormais

Maintenant, je dors

La nuit, je me sens

9e mois

Mes positions favorites pour dormir sont

Mes lectures du soir sont

Mes trucs pour dormir sont

Je rêve de

Ma vie de femme enceinte

Mon rythme est

Mes sorties, mes activités sont

Mes lectures, mes films, mes séries sont

Durant ce neuvième mois, ce qui change pour moi, c'est surtout

Mais aussi

9e mois

Photo de moi au 9e mois de grossesse

Date ....

Lieu ....

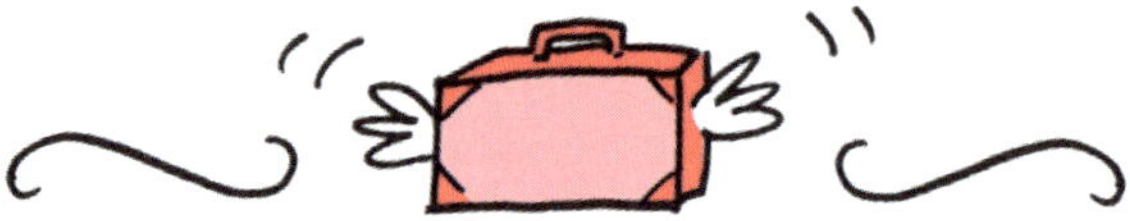

Départ à la maternité

Date

Lieu

Ce jour-là, à ce moment-là,

Les premiers signes de l'accouchement se manifestent. Les contractions

Je suis accompagnée par

9e mois

Le trajet se passe

Mon arrivée à la maternité

Je me sens

Les moments forts

Ce mois-ci, je voudrais me souvenir de

9e mois

Photo de mon ventre au 9e mois

Mes échanges avec bébé

Le jour J

Le jour le plus incroyable de ma vie !
Le plus éprouvant et le plus beau à la fois…

L'accouchement

Date ____________ Heure ____________

____________________________________ m'accompagne.

Le travail

Le travail a duré ____________________________________

Quand j'ai perdu les eaux, ____________________________________

Les contractions étaient ____________________________________

Avec une péridurale, je me suis sentie ____________________________________

Mon expérience sans péridurale a été ____________________________________

La mise au monde

Heure ____________

L'accouchement s'est déroulé ____________

Je l'ai vécu ____________

J'ai été soutenue par ____________

Le jour J

J'ai ressenti

Je voudrais me souvenir de

Mon bébé est né

Mon bébé est né le ________________ à ______ h ______

Il pèse ________ kg et mesure ________ cm

Il s'appelle ____

Ses yeux sont ____

Ses cheveux sont ____

Le cordon ombilical est coupé par ______________________________

____

La première fois que je le vois, je me sens ________________________

____

____

____

____

____

____

Notre premier contact ____

____

____

____

Le jour J

Photo de bébé à la naissance

Date ....

Lieu ....

Le jour J

Photo de bébé et moi à la naissance

Date ....

Lieu ....

Le jour J

Photo de bébé et son papa à la naissance

Date ....

Lieu ....

1ers jours

Mon corps vient de vivre un énorme chamboulement.
Les premiers jours après l’accouchement ne sont pas toujours faciles. Sa première tétée, son premier bain, sa première couche : à la maternité je prends le temps de découvrir mon bébé et de m’en occuper.

Mon check-up

Date ______________________

Mes symptômes post-partum sont ______________________

Physiquement, je me sens ______________________

Moralement, je me sens ______________________

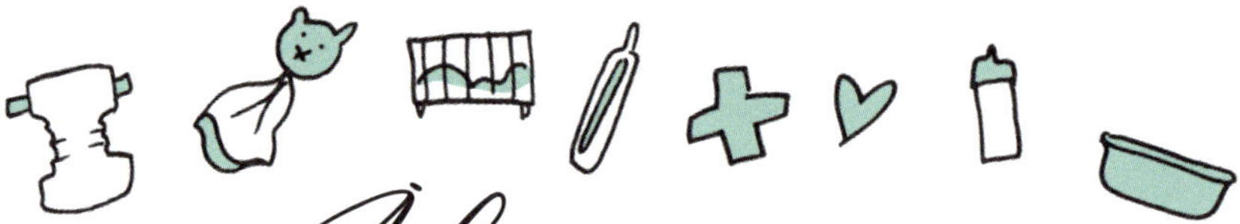

À la maternité

Je suis restée à la maternité durant

Je partage ma chambre avec

L'équipe est

Je m'adapte au rythme de bébé

Jour après jour, je me sens

1ers jours

Photo à la maternité

Date ....

Lieu ....

Premières tétées

La première tétée se déroule

Bébé réagit

Je ressens

1ers jours

Les tétées suivantes se passent

Rythme des tétées la 1re semaine :

J1

J2

J3

J4

J5

J6

J7

Premier bain

Son premier bain lui est donné par

Ses réactions

Premier change

Son premier change est fait par

Cela se passe

1ers jours

Photo du premier bain

Date ....

Lieu ....

Les visites

Nous recevons la visite de

On se souviendra

Les cadeaux de naissance

Pour moi

Pour bébé

1ers jours

Photo d'une visite à la maternité

Date ....

Lieu ....

Examen du pédiatre du 8e jour

Date .... Lieu ....

Nom du médecin ....

L'examen se déroule ....

Le bilan de l'examen ....

1ers jours

 Bébé pèse .... kg

 Il mesure .... cm

Les réactions de bébé sont ....

Je me pose des questions sur ....

Le médecin répond ....

Mon bébé et moi

Nos premiers câlins

Je ressens à ce moment-là

1ers jours

Bébé réagit

La position que bébé préfère est

Les gestes qui l'apaisent sont

Lorsqu'il me regarde, j'éprouve

Quand je le regarde, je me sens

Les moments forts

Ce mois-ci, je voudrais me souvenir de

1ers jours

Photo de bébé durant les 1ers jours

Mes échanges avec bébé ....

....

....

1res semaines

C'est une joie immense d'être enfin avec mon bébé, mais mon corps subit encore de nombreux bouleversements. Je me repose le plus possible. Sommeil, tétées, câlins, fatigue, bonheur, nous cherchons notre rythme en apprenant à vivre ensemble chez nous.

Mon check-up

Date ________________

Mes symptômes post-partum sont ________________

Physiquement, je me sens ________________

Moralement, je me sens ________________

Le retour à la maison

Date

Notre rythme au début est

Les nuits sont

Les tétées sont

Bébé s'exprime et se manifeste

Je me sens débordée par

Je suis aidée par

Le rythme des tétées

Semaine 1

J1 ....

J2 ....

J3 ....

J4 ....

J5 ....

J6 ....

J7 ....

Il pèse

.... kg

Semaine 2

J1 ....

J2 ....

J3 ....

J4 ....

J5 ....

J6 ....

J7 ....

Il pèse

.... kg

Semaine 3

J1 ....

J2 ....

J3 ....

J4 ....

J5 ....

J6 ....

J7 ....

Il pèse

.... kg

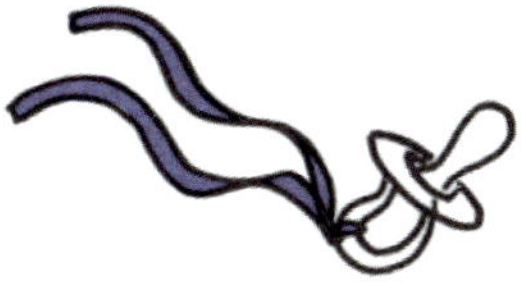

Semaine 4

J1

J2

J3

J4

J5

J6

J7

Il pèse
_____ kg

Semaine 5

J1

J2

J3

J4

J5

J6

J7

Il pèse
_____ kg

Semaine 6

J1

J2

J3

J4

J5

J6

J7

Il pèse
_____ kg

Examen du pédiatre de la 2e semaine

Date

Lieu

Nom du médecin

L'examen se déroule

Le bilan de l'examen

1res semaines

 Bébé pèse ________ kg

 Il mesure ________ cm

Les réactions de bébé sont ________

Je me pose des questions sur ________

Le médecin répond ________

Mon bébé et moi

Bébé réagit

Nos premières sorties

En promenade, je me sens

Je découvre ce que mon bébé aime et comment le rassurer. La position qu'il préfère est

Les gestes qui l'apaisent sont

Les moments que je préfère avec mon bébé sont

Les moments forts

Ce mois-ci, je voudrais me souvenir de

1res semaines

Photo de bébé durant les 1res semaines

Mes échanges avec bébé ______________________________

____

____

____

____

Notes

Notes

Achevé d'imprimer par XXX
Pour le compte des Éditions Marabout (Hachette Livre)
58, rue Jean-Bleuzen, 92178 Vanves Cedex
Dépôt légal : janvier 2022
ISBN : 978-2-501-16743-7
1750138